Por Gareth Evans

ISBN 978-1-912135-73-8

Fotografía, diagramas y diseño de portada por Gareth Evans

Copyright © 2020 por Intuition Publications

www.guitar-book.com

Derechos de autor internacionales asegurados. Todos los derechos reservados. Ninguna parte de esta publicación puede ser reproducida de ninguna forma o por ningún medio sin el permiso previo por escrito del editor.

Bienvenido a Acordes de guitarra para principiantes. Este libro te guiará a través de todos los acordes que necesitarás saber como principiante y más. Algunos acordes se tratan como un proceso gradual, lo que facilita su aprendizaje, mientras que otros se presentan con más de una forma de digitación. Es importante que las técnicas sean correctas desde el principio, por lo que se dan consejos sobre la técnica en mayor medida que lo habitual. Todos los acordes tienen ejemplos de audio descargables (el enlace de descarga se encuentra donde comienzan los acordes en la página 9).

Contenidos

Cómo utilizar los diagramas del diapasón....... 3
Problemas técnicos para principiantes............ 4
Flexibilidad………………………….... 5
Técnicas…………………………..... 6
Acordes……………………………... 9
Acordes mayores…………………….... 9
Acordes menores……………………… 13
Acordes de 7ma dominante…………….. 15
Acordes de 7ma menor…………………... 16
Acordes de 7ma mayor…………………. 17
Acordes de 2da suspendida……………… 19
Acordes de 4ta suspendida ……………… 21
Añadir 9 acordes…………………….. 23
Acordes de potencia…………………... 24
Acordes de cejilla para principiantes………… 25
Otros acordes abiertos………………….. 29
Sugerencias de canciones………………... 32

Aquí están los nombres de las notas en español e inglés. En este libro se usarán los términos en inglés porque es universal y la mayoría de la música está escrita de esta manera.

Do	Re	Mi	Fa	Sol	La	Si
C	D	E	F	G	A	B

Cómo utilizar los diagramas del diapasón

Los diagramas del diapasón ofrecen una representación gráfica del diapasón. En el siguiente ejemplo, se señalan las partes y sus funciones.

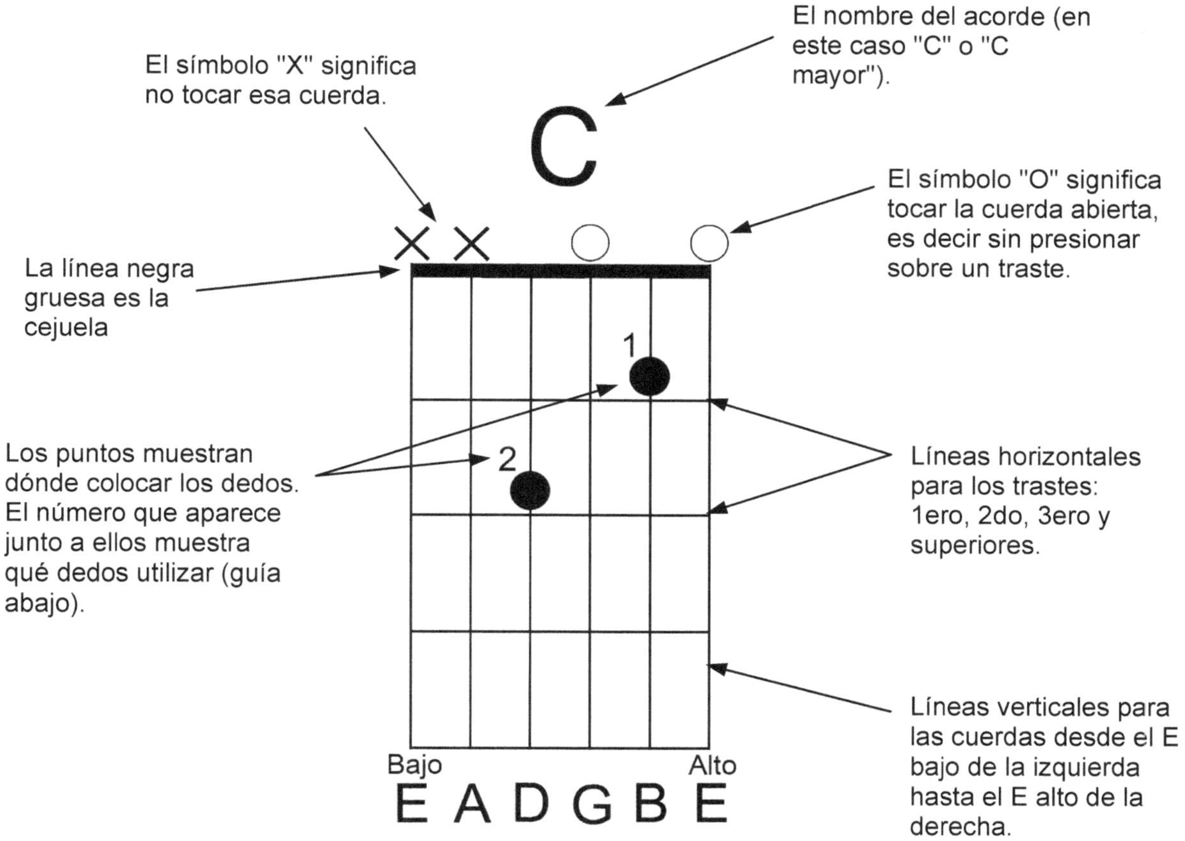

El símbolo "X" significa no tocar esa cuerda.

El nombre del acorde (en este caso "C" o "C mayor").

El símbolo "O" significa tocar la cuerda abierta, es decir sin presionar sobre un traste.

La línea negra gruesa es la cejuela

Los puntos muestran dónde colocar los dedos. El número que aparece junto a ellos muestra qué dedos utilizar (guía abajo).

Líneas horizontales para los trastes: 1ero, 2do, 3ero y superiores.

Líneas verticales para las cuerdas desde el E bajo de la izquierda hasta el E alto de la derecha.

Bajo E A D G B E Alto

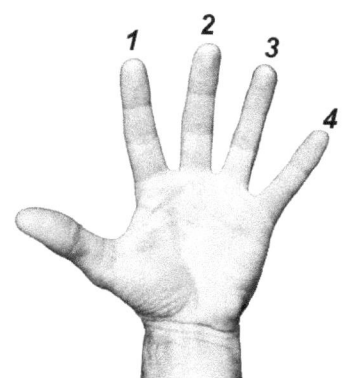

Los dedos están numerados como se muestra en la imagen de la izquierda.

El diagrama del diapasón de arriba indica que usarías los dedos índice (1) y medio (2) para el acorde. Como se muestra a la derecha...

Problemas técnicos para principiantes

Irónicamente, los primeros acordes que a menudo se enseñan a los principiantes no son necesariamente los más fáciles de tocar. En un piano, por ejemplo, las teclas están dispuestas de forma lineal, por lo que la dificultad para tocar los acordes tenderá a coincidir con la complejidad del acorde. En la guitarra, en cambio, la dificultad de tocar los acordes depende de cómo estén dispuestos en el diapasón. Tomemos por ejemplo un acorde de A9sus4 (A9 de 4ta suspendida). Puede sonar un poco atemorizante por su nombre, pero aquí está (abajo a la izquierda)...

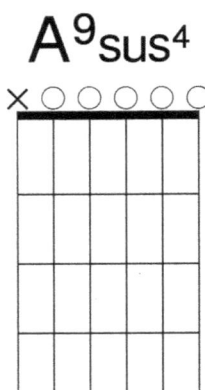

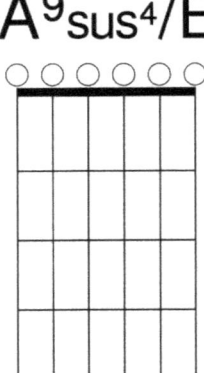

Bastante fácil porque todas las cuerdas están abiertas, excepto el E bajo.

Toca *todas* las 6 cuerdas abiertas y tendrás un acorde A9sus4/E como se muestra a la derecha (A9 de 4ta suspendida sobre E). Posiblemente el acorde más fácil de tocar.

Por otro lado, el C mayor (como se muestra abajo a la izquierda), un acorde que a menudo es uno de los primeros que se enseñan, puede ser difícil para un principiante total...

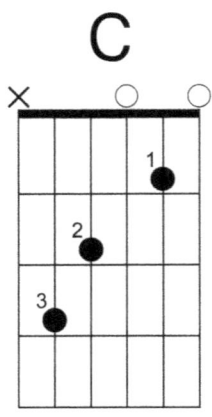

Lo que estoy tratando de señalar aquí es que no hay que dejarse engañar o descorazonar por esta aparente falta de coincidencia en las dificultades. Cuando sea posible, puede ser ventajoso tratar los acordes como C en etapas, como veremos más adelante.

Los acordes abiertos son acordes con cuerdas abiertas dentro de ellos. Estos acordes a menudo se encuentran en la parte inferior del diapasón, lo que significa que hay un poco más de resistencia al presionar la cuerda hacia abajo debido a que están cerca de la cejuela que sostiene las cuerdas. Si tocas una nota en el 1er traste de cualquier cuerda, y luego tocas una nota más arriba en el diapasón (digamos en el noveno traste) puedes notar que hay menos resistencia de la cuerda en el noveno traste y es más fácil presionar hacia abajo. Para un guitarrista más experimentado esta diferencia puede ser insignificante, pero para un principiante total puede ser notable. Por eso, para el funcionamiento de tu guitarra podría ser mejor que la distancia de las cuerdas a los trastes sea lo más baja posible.

Flexibilidad

Descargo de responsabilidad: La información que se proporciona en esta sección es sólo con fines informativos. No debe reemplazar la consulta con tu médico u otro profesional de la salud. Debes consultar con un médico o profesional de la salud antes de comenzar cualquier ejercicio, o si tienes o sospecha que podrías tener un problema de salud.

Un problema común para los principiantes es poder estirar la mano y los dedos para alcanzar los trastes de los acordes. A un principiante las posturas de la mano pueden parecerle contorsiones poco naturales y difíciles. Por esta razón el estiramiento puede ser importante para los principiantes, incluso tanto como la práctica misma. A continuación se presentan un par de estiramientos básicos adecuados. No intentes hacerlos más de lo que te resulte cómodo. Si no puedes estirar tanto como se muestra en las ilustraciones, no hay ningún problema; estirar dentro de tus límites es más efectivo.

Estiramiento del extensor del antebrazo (derecho) - Mantener un brazo extendido delante tuyo y doblar la muñeca y los dedos hacia ti usando la otra mano. Sostener durante 3 a 5 segundos y repetir de 6 a 10 veces.

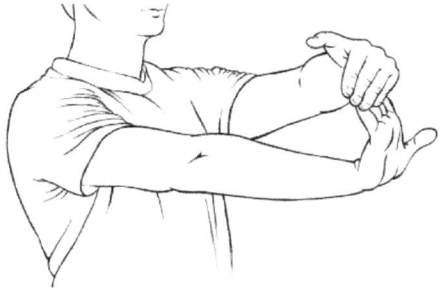

Estiramiento del flexor (izquierdo) - Mantener el brazo extendido y comenzar con la palma de la mano hacia abajo, luego doblar los dedos y la muñeca hacia atrás. Sostener durante 3 a 5 segundos y repetir de 6 a 10 veces.

Técnicas

A continuación se explica la técnica de la mano en el diapasón para tocar los acordes. Los dos acordes usados en los ejemplos de la imagen son C mayor y D mayor para mostrar la técnica general. No es necesario tocarlos ahora, aunque se tratarán pronto. Se puede consultar esta sección cuando se aprendan todos los acordes.

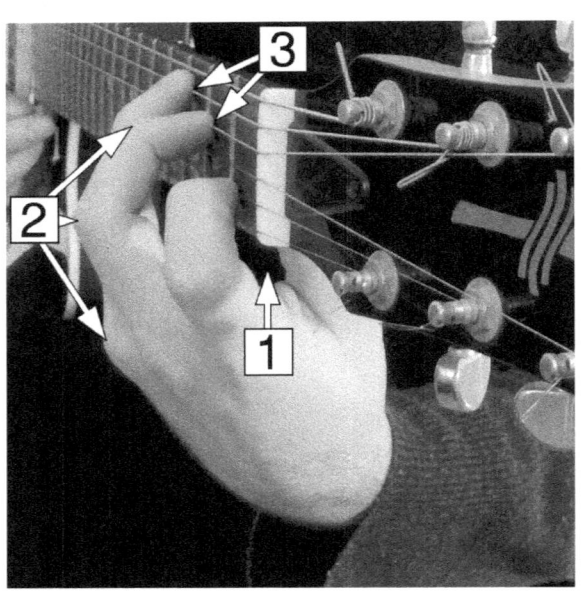
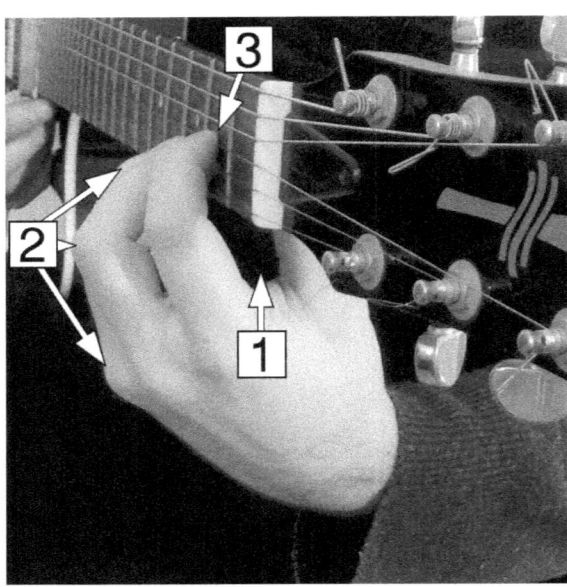
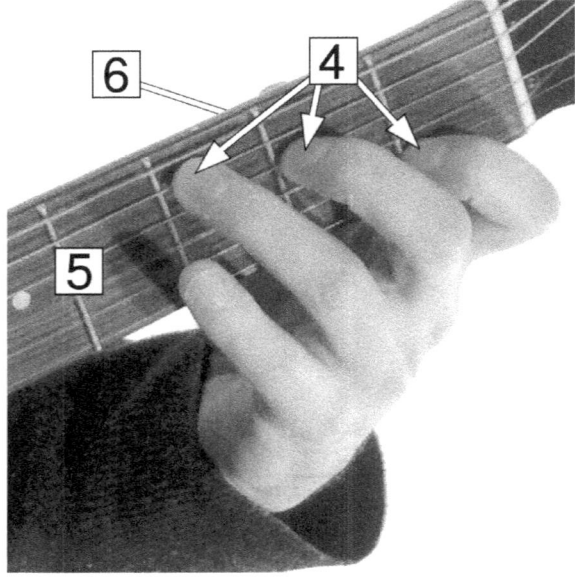

1. La postura de la mano influye en los dedos. Debe haber al menos un pequeño espacio entre la parte inferior del cuello de la guitarra y la palma de la mano. La elevación de los dedos sobre el diapasón debe permitir el mejor ángulo de acercamiento de las puntas de los dedos a los trastes.

2. Todas las articulaciones de los dedos, incluyendo las articulaciones de los nudillos, deben doblarse al menos ligeramente para que el control esté en los ligamentos. Confiar en que las articulaciones óseas se enderecen y se "traben" para el apoyo podría ofrecer más fuerza y parecer más fácil al principio, pero carece de control y no permite los ajustes finos que de otra manera podrías hacer con los ligamentos.

En el ejemplo de la foto de la derecha, los dedos 3ero y 2do están doblados incorrectamente hacia atrás en sus articulaciones superiores.

3. Presiona hacia abajo con el hueso en la yema del dedo. Con la práctica las yemas de los dedos empezarán a endurecerse. La pulpa blanda de las yemas de los dedos de los principiantes puede envolver las cuerdas dando más superficie de contacto (sobre todo si tienes dedos grandes) y por lo tanto tocar otras cuerdas, lo cual es indeseable. Una vez que las yemas de los dedos comiencen a endurecerse, esto dejará de ser un problema.

4. Asegúrate de tener las uñas adecuadamente cortas. Si son demasiado largas pueden presionar el diapasón antes que tu dedo, y también pueden rozar accidentalmente las cuerdas.

5. Evita doblar las cuerdas de la guitarra. Puede haber una tendencia a empujar las cuerdas si el ángulo de los dedos no es lo suficientemente recto. Si se ejerce presión directamente sobre las cuerdas, se soluciona este problema. Esto no se nota tanto desde el ángulo en que tocas la guitarra, pero sí desde la perspectiva de otra persona que mira el diapasón.

En el ejemplo de la foto de la derecha el 3er dedo está empujando la cuerda de A hacia arriba, lo que torcerá el tono de esta nota hacia arriba y hará que el acorde suene desafinado.

6. El pulgar es la fuerza opuesta a los dedos, por lo que debe colocarse detrás del cuello, aproximadamente en el centro de los dedos, como se muestra en la foto de la derecha.

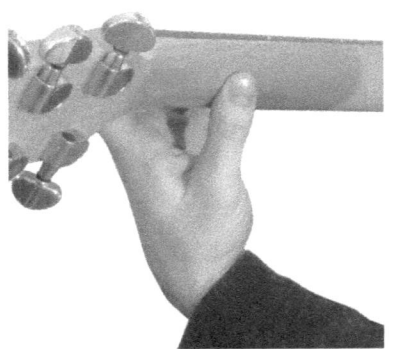

A continuación se presentan un par de ejemplos de técnica deficiente. En general, en ambas fotos el cuello de la guitarra se sostiene como un timón. Esto puede ofrecer más fuerza ya que se basa más en la mano que en los dedos, pero no permitirá ejecutar con facilidad los movimientos más complejos necesarios para tocar la guitarra.

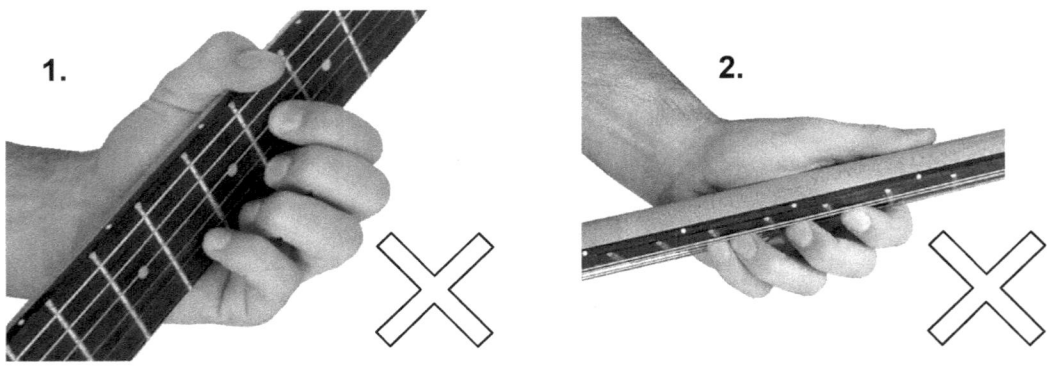

En la foto 1 la palma de la mano está abrazando la parte inferior del cuello mientras que el pulgar está sobre la parte superior haciendo que los dedos estén más cerca del diapasón y por lo tanto sean más difíciles de maniobrar. Para llegar a cuerdas más altas los dedos también tendrán que doblarse hacia la palma.

En la imagen 2, el pulgar no está centrado con respecto a los dedos, ya que descansa detrás del cuello. Si el pulgar pasa el dedo índice y se coloca plano sobre el cuello, será más difícil estirar los dedos 3ero y 4to (dedo meñique).

Acordes

Para los siguientes acordes, empieza cada uno pulsando una cuerda a la vez para asegurarte de que todo suene claro. De esta forma podemos notar y corregir problemas, como que un dedo toque otra cuerda bloqueándola, o haciendo un zumbido, o que no estés presionando lo suficiente en uno o más de los trastes, haciendo que la nota sea inaudible o haga un zumbido.

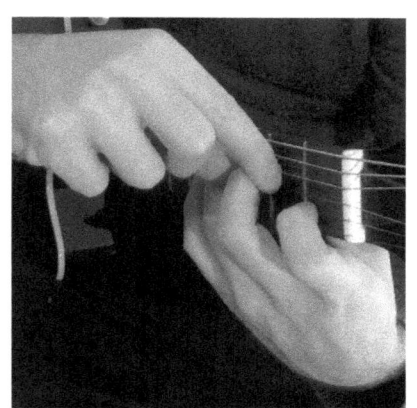

No hay ningún problema en usar la otra mano para ajustar los dedos de la mano del diapasón, como se muestra a la derecha. Deberán tenerse en cuenta las técnicas de la última sección. Algunos acordes se tratan gradualmente colocando primero los dedos difíciles para que no se vean impedidos por otros dedos, que se agregan después.

Los ejemplos de audio descargables están disponibles aquí www.intuition-books.com/es

Acordes mayores - C mayor

Comienza con las tres cuerdas superiores del acorde usando sólo el 1er dedo como se muestra en el diagrama de abajo a la izquierda. Pulsa las tres cuerdas una a una desde la cuerda de G hacia arriba para asegurarte de que suenen claras. A continuación, agrega el 2do dedo en el 2do traste de la cuerda de D (como se muestra abajo a la derecha) y luego pulsa las cuatro cuerdas una por una para asegurarte de que suenen claras.

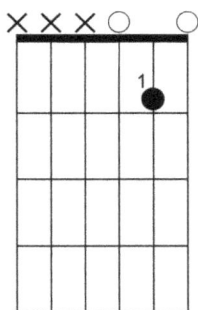  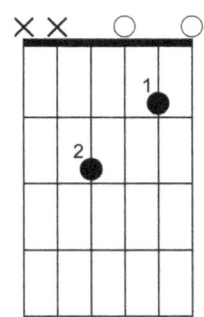 

Una vez que lo tengas, finalmente agrega el 3er dedo en el 3er traste de la cuerda de A para el acorde abierto completo de C mayor como se muestra a la derecha. Como antes, pulsa cada cuerda por separado para asegurarte de que sean audibles y luego rasguea el acorde.

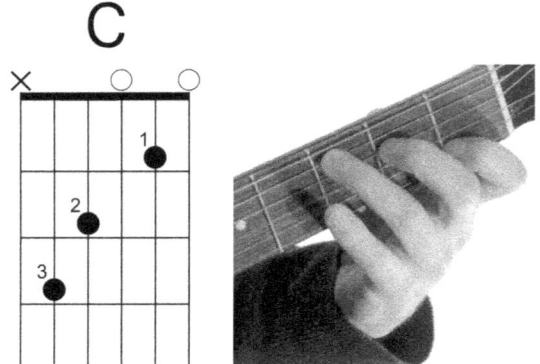

A mayor

A mayor se puede tocar de varias maneras. Las notas en los trastes están en el mismo traste en cuerdas adyacentes, por lo que puede ser un poco apretado para encajar los dedos. Abajo a la izquierda se utilizan los dedos 1, 2 y 3. Otra opción es no usar el 1er dedo, usando los dedos 2, 3 y el 4 más pequeño como se muestra abajo a la derecha.

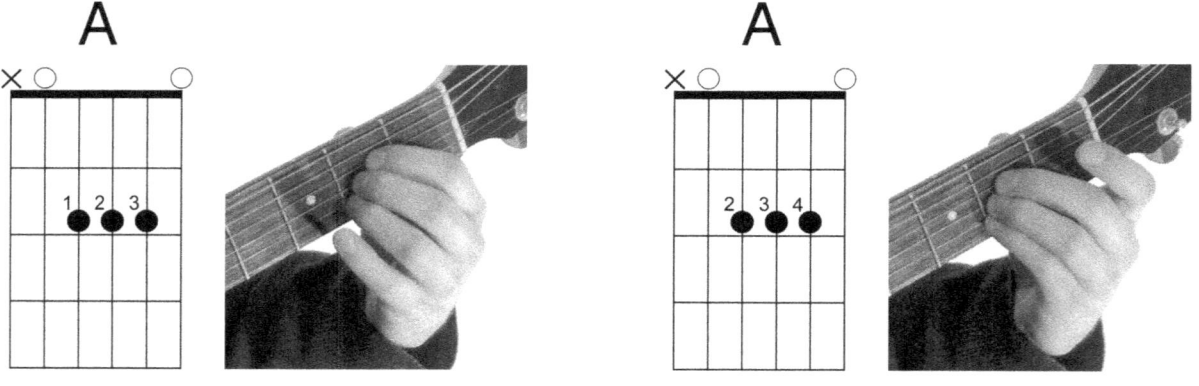

A menudo se enseña que los dedos deben colocarse justo detrás del traste, y aunque generalmente esto debería ser así, en algunos casos no es posible. En las fotografías anteriores se observa en la primera versión que el 1er dedo de la cuerda de D está más atrás del 2do traste, mientras que en la segunda versión el 2do dedo no está tan atrás. En ambos casos este dedo puede necesitar una presión un poco más fuerte, siempre y cuando las notas suenen claras.

También está la cejilla parcial. El mismo dedo va en el 2do traste de las cuerdas D, G y B. En el siguiente diagrama se usa el 1er dedo. Sería muy difícil elevar este dedo para evitar tocar la cuerda de E alto, así que puedes descartar esta cuerda (como se indica con una "X" sobre la cuerda de E alto en el diagrama), y seguirá siendo un acorde de A mayor.

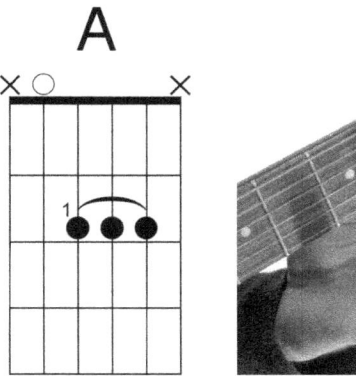

G mayor

Podrías comenzar con una versión sencilla (abajo a la izquierda). El aspecto difícil de este acorde es el espacio entre el 2do y el 3er dedo en las cuerdas de E bajo y E alto como se muestra abajo a la derecha, por lo que puedes ocuparte de esta parte primero. Trata de que estas dos notas en el 3er traste suenen claras.

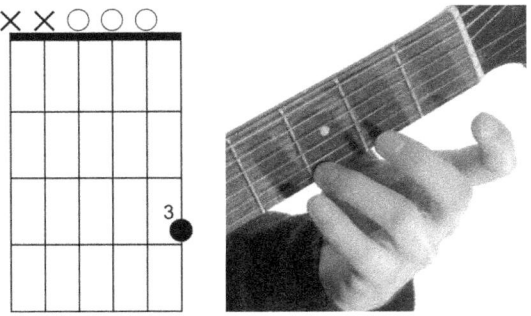
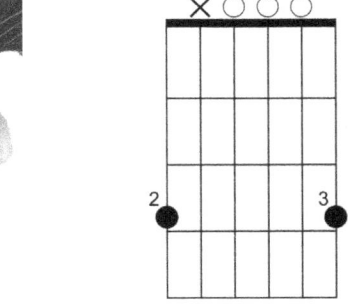

Una vez que el 2do y el 3er dedo estén donde deben estar, puedes agregar el 1er dedo para el acorde abierto de G mayor completo. Pulsa una cuerda a la vez para asegurarte de que suene claro, y cuando estés satisfecho con eso, rasguea las seis cuerdas.

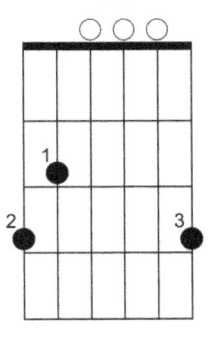

E mayor

Este acorde no es tan extendido como C o G mayor y no es tan compacto como A mayor. El problema de este acorde puede ser el ángulo del 1er dedo en el 1er traste de la cuerda de G, por cómo tiene que meterse detrás de los dedos 2do y 3ero.

Un enfoque gradual sería colocar el 1er dedo primero, de esta manera puedes asegurarte de que la punta de ese dedo presione correctamente hacia abajo para obtener una nota clara. A continuación, coloca el 2do y el 3er dedo donde correspondan (en lugar de colocar primero el 2do y el 3er dedo y tratar de meter el 1er dedo detrás de ellos). Pulsa una cuerda a la vez para asegurarte de que todas las notas sean claras y luego rasguea las seis cuerdas.

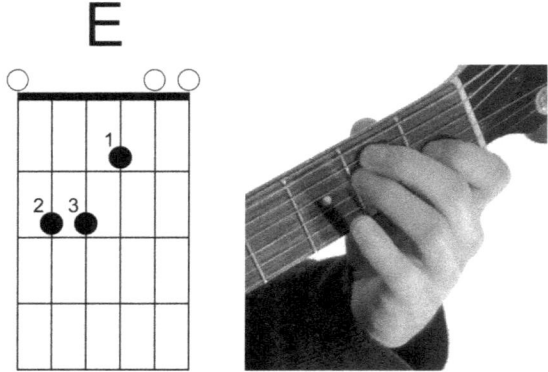

D mayor

A menudo, el aspecto difícil de este acorde es asegurarse de que la nota en la cuerda de E alto sea clara. Comienza con el 3er dedo solo en el 3er traste de la cuerda de B como se muestra abajo a la izquierda y pulsa esta y la cuerda de E alto (una después de la otra y/o al mismo tiempo) asegurándote de que ambas notas sean audibles, con la cuerda de E alto clara y sin ser tocada o bloqueada por el 3er dedo. Una vez que tengas eso, agrega el 2do dedo en el 2do traste de la cuerda de E alto y haz lo mismo: toca estas dos notas para asegurarte de que ambas sean audibles y la nota en la cuerda de E alto sea clara.

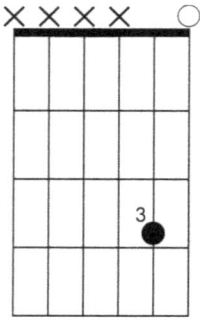  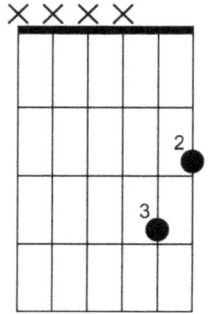 

Una vez que tengas eso, tu mano y tus dedos deberían estar en la mejor postura para estas notas más difíciles, entonces puedes agregar el 1er dedo en el 2do traste de la cuerda de G para el acorde de D mayor.

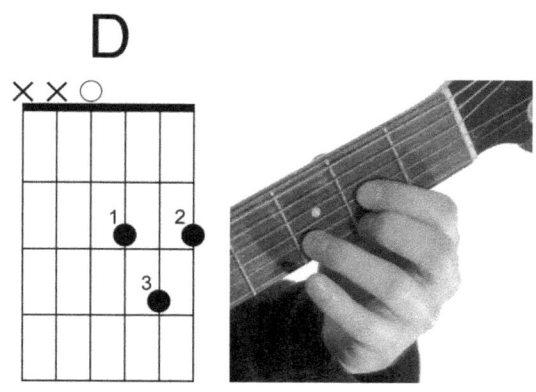

Intentar el acorde entero de inmediato puede significar que el 1er dedo impida que obtengamos la mejor posición para el 2do y el 3er dedo. Tratar con estos dedos primero nos permite enfocarnos en la parte difícil del acorde con la mano más libre que no esté "sujetada" por los otros dedos.

Acordes menores - E menor

El acorde de E menor puede tocarse con los dedos 1 y 2 o con los dedos 2 y 3.

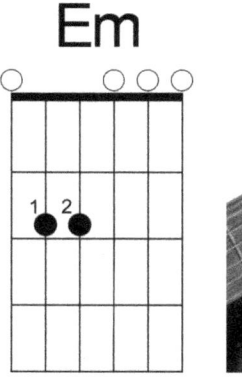

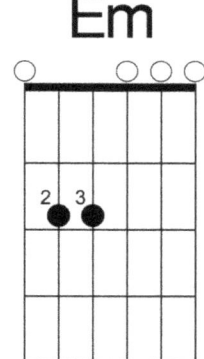

A menor

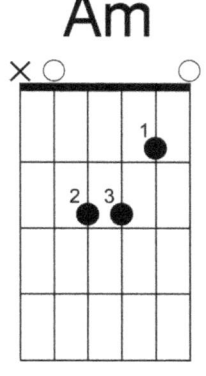

Es como la forma del acorde de E mayor anterior, pero en diferentes cuerdas (así que si es necesario se puede adoptar un enfoque similar al que tomamos para el acorde de E mayor). No te olvides de no tocar la cuerda de E bajo para este acorde.

D menor

Para la mayoría de los principiantes, este acorde es un poco más complicado que D mayor, pero tiene un problema similar que puede ser tratado de la misma manera. Podemos comenzar colocando sólo el 3er dedo en el 3er traste de la cuerda de B (abajo a la izquierda), y tocar esta y la cuerda de E alto para asegurarnos de que estén libres una de la otra. A continuación, coloca el 1er dedo en el 1er traste de la cuerda de E alto también (abajo a la derecha) y asegúrate de que estas dos notas estén libres entre sí...

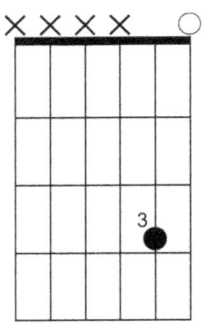  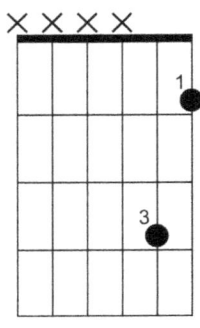 

Una vez que lo tengas, puedes agregar el 2do dedo para el acorde de D menor como se muestra a la derecha.

Cuando los dedos se estiran para separarse, su fuerza para presionar hacia abajo en los trastes puede empezar a disminuir. Tratar con el 3er y el 1er dedo primero te permite posicionarlos en sus trastes antes de agregar finalmente el 2do dedo.

Dm

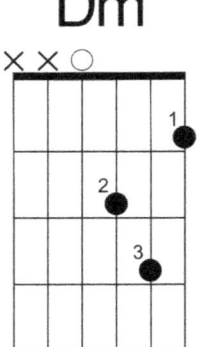 

Una vez que comiences a obtener los acordes anteriores, estos métodos te ayudarán a aprender a tocar otros acordes. A continuación hay algunos otros tipos de acordes comunes. Comparados con los anteriores, varían desde los más fáciles a los más difíciles y todo lo intermedio, así que si sientes que no has dominado adecuadamente los acordes anteriores, no hay razón para no probar algunos de los siguientes, algunos de los cuales pueden resultarte más fáciles.

Acordes de 7ma dominante

A7

Observa la similitud entre la forma de este acorde y la de A mayor de antes (página 10). La única diferencia es que la cuerda de G no se toca en un traste, sino que se toca abierta. Si se observa la similitud en la forma de los diferentes acordes, es más fácil recordarlos, como que son variantes entre sí, en lugar de estar completamente separados.

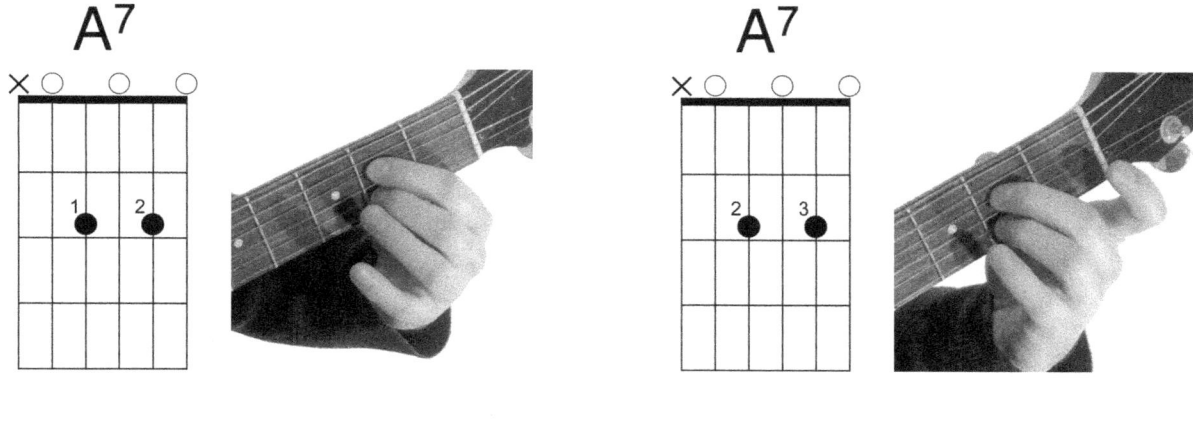

G7

Este acorde puede ser bastante extendido entre el 3er y el 1er dedo. La versión de abajo a la izquierda podría sustituirlo como una manera más fácil antes de conseguir la versión completa a la derecha.

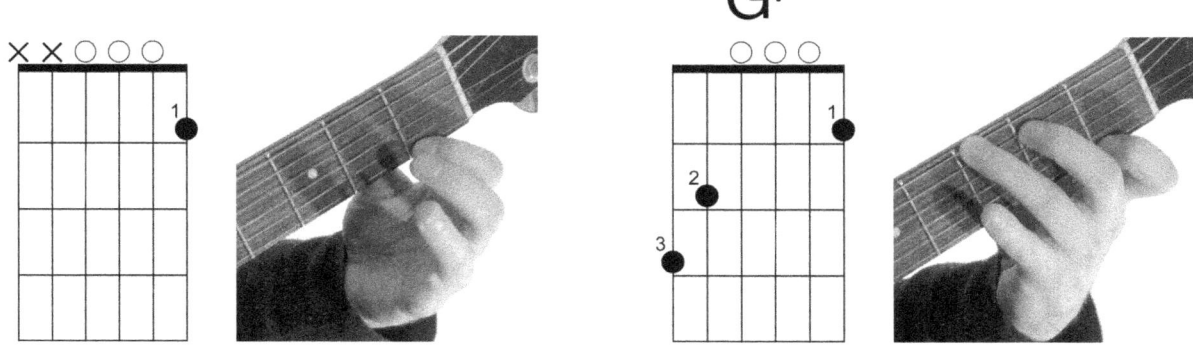

E7

11 🔊

La forma de E7 es como un E mayor pero con una cuerda de D abierta.

D7

12 🔊

La forma del acorde de D7 es como un D mayor "volteado".

Acordes de 7ma menor

Em7

13 🔊

Este acorde es como el de E menor pero con una cuerda de D abierta.

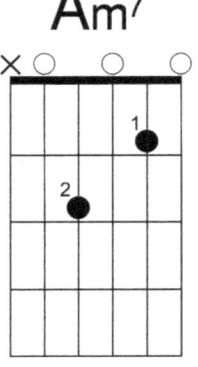

Am7

14 🔊

Este acorde es como el de A menor pero con una cuerda de G abierta.

Dm7

Una cejilla parcial con el 1er dedo.

Acordes de 7ma mayor

Emaj7

Para este acorde no se toca la cuerda de A. El acorde se puede tocar con el pulgar y los dedos como se muestra en la imagen de abajo a la derecha...

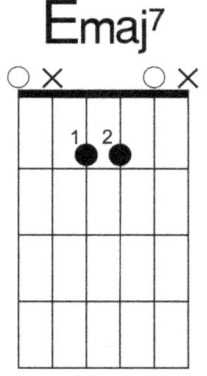

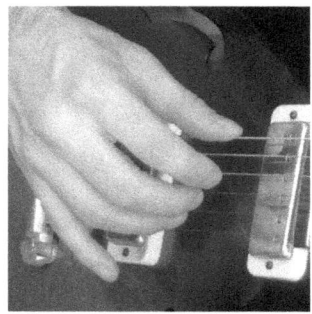

La siguiente versión (a la izquierda de la página siguiente) puede rasguearse en las seis cuerdas.

Emaj7

Amaj7

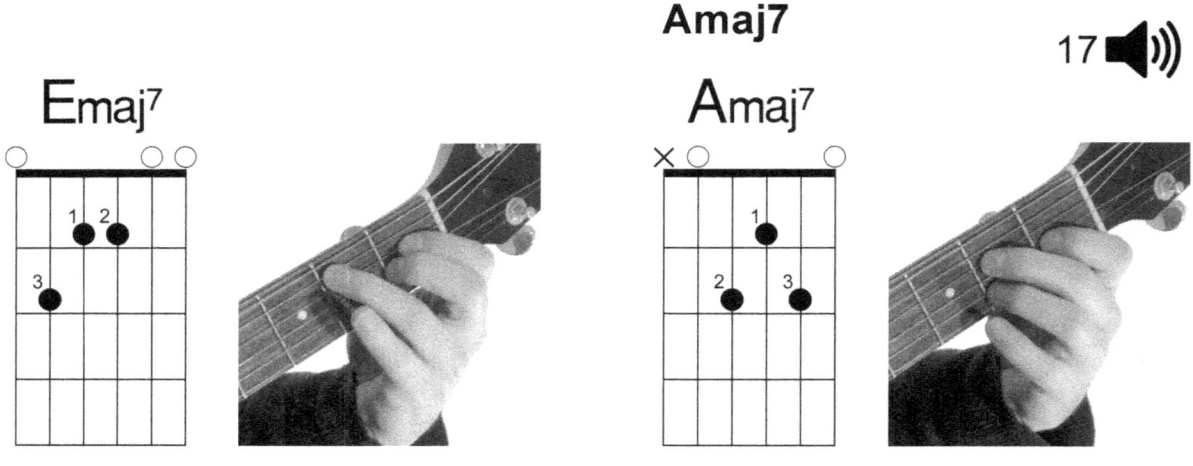

Dmaj7

Tocado como una cejilla parcial (abajo a la izquierda) o con dedos separados (a la derecha)...

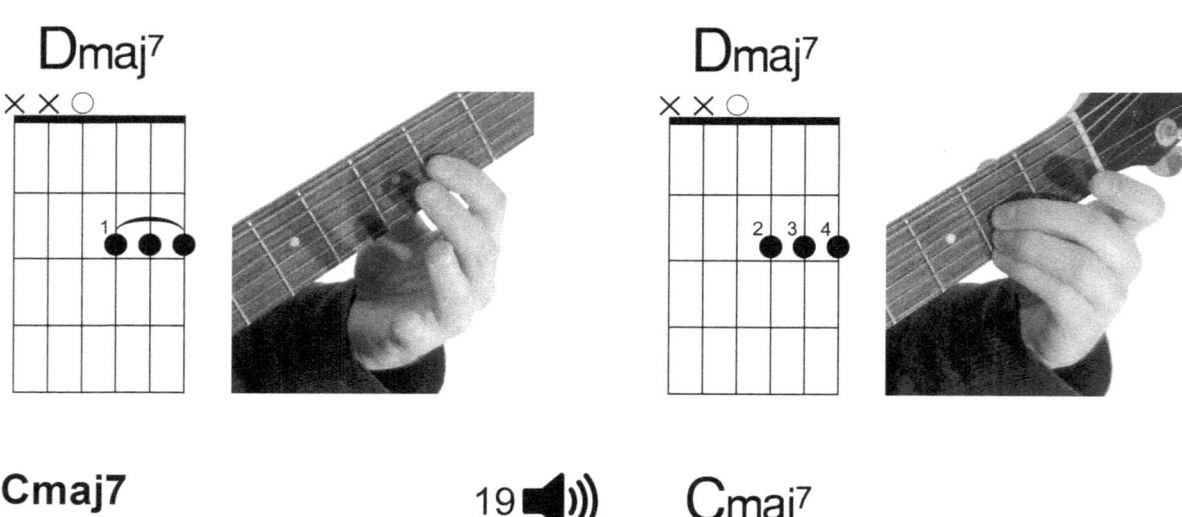

Cmaj7

Como el C mayor anterior (páginas 9 - 10) pero con una cuerda de B abierta. Este es en realidad más fácil que el C mayor.

Cmaj7

Fmaj7

Los dedos van en línea diagonal a una cuerda de E alto abierta.

Acordes de 2da suspendida

Asus2

Este acorde puede tocarse con los dedos 1 y 2 o los dedos 2 y 3.

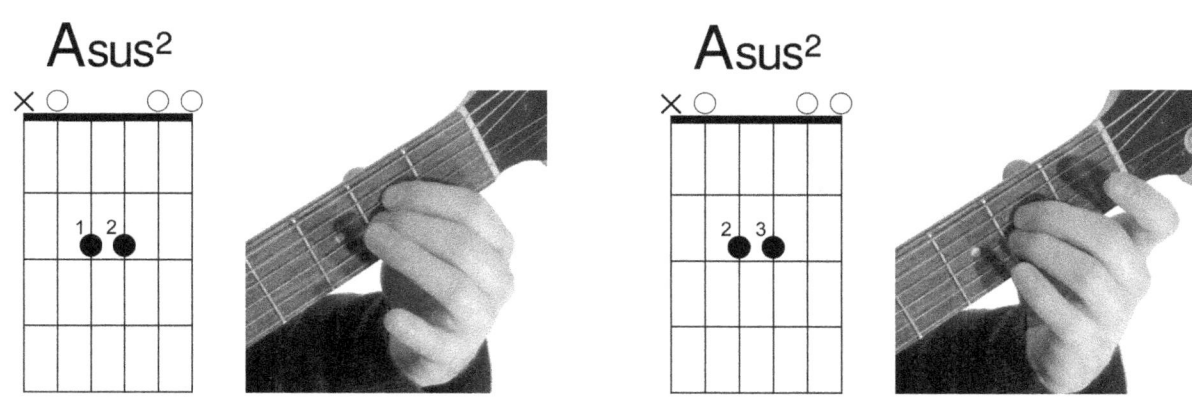

Dsus2

El acorde de Dsus2 se toca a menudo antes y/o después del acorde de D mayor, así que en el ejemplo de la derecha se utilizan los dedos 1 y 3 porque facilita el cambio a D mayor agregando el 2do dedo al 2do traste de la cuerda de E alto.

Dsus²

Dsus²

Fsus2

Fsus²

Gsus2

Gsus²

Acordes de 4ta suspendida

Asus4

Este acorde se toca a menudo antes y/o después de un acorde de A mayor. En la foto, el 3er dedo se mantiene detrás en el 2do traste de la cuerda de B, de manera que cuando se quita el 4to dedo, se obtiene un acorde de A mayor, facilitando el cambio entre estos dos acordes.

Csus4

Dsus4

Este acorde se toca a menudo antes y/o después de un acorde de D mayor y/o un acorde de Dsus2. Sólo es cuestión de quitar el 4to dedo para revelar la cuerda de E alto abierta para Dsus2 o el 2do dedo en el 2do traste de la cuerda de E alto para el acorde de D mayor.

Esus4

Este acorde se toca a menudo antes y/o después de un acorde de E mayor. En la foto el 1er dedo se mantiene detrás en el 1er traste de la cuerda de G, de manera que cuando se quita el 4to dedo se tiene un acorde de E mayor, facilitando el cambio entre estos dos acordes.

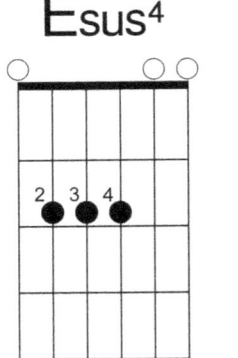

Fsus4

Añadir 9 acordes

Cadd9

30

Si estuvieras cambiando entre este acorde y C mayor, la digitación de abajo a la izquierda sería más fácil. Si estuvieras cambiando entre este acorde y D mayor o G mayor, entonces la digitación de la derecha sería más fácil.

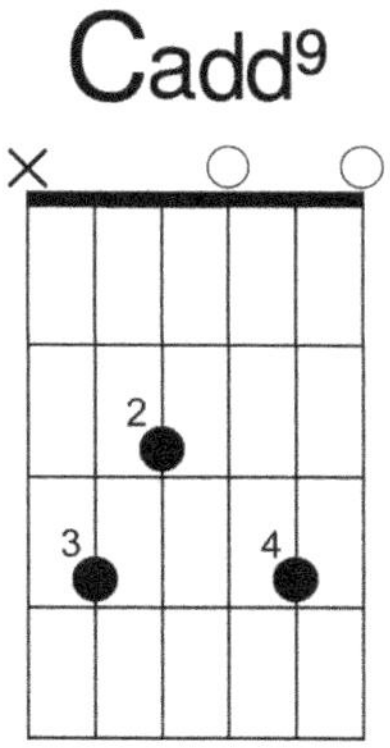

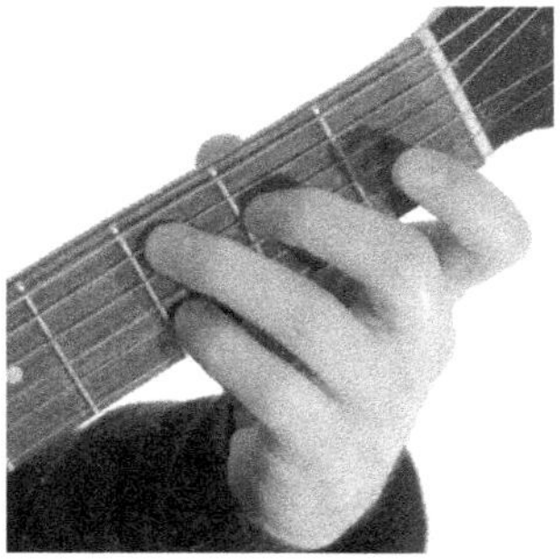

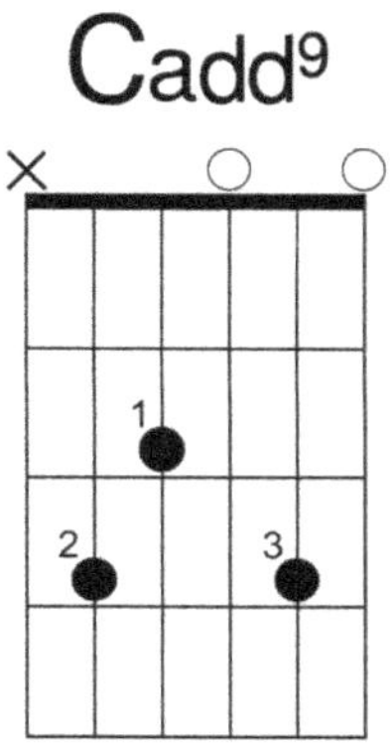

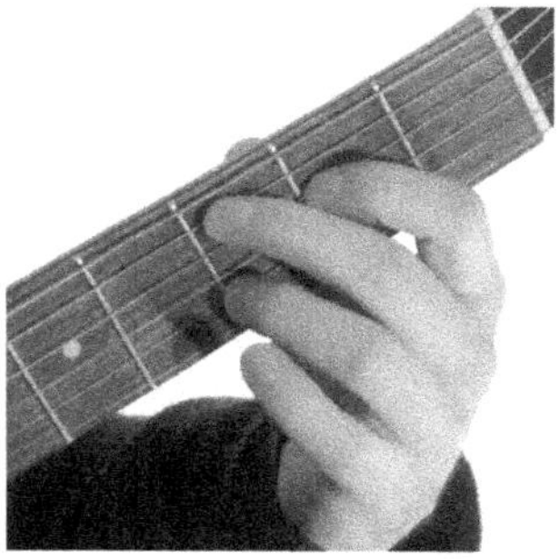

Eadd9

31

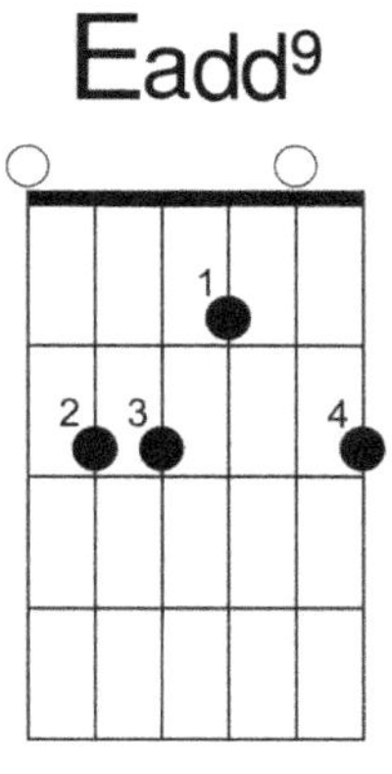

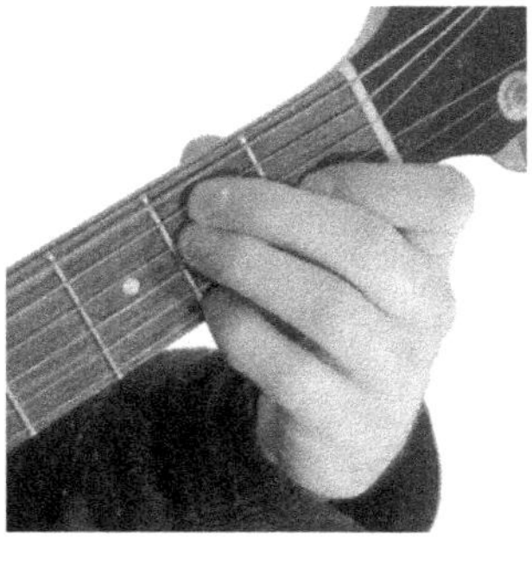

Fadd9

32

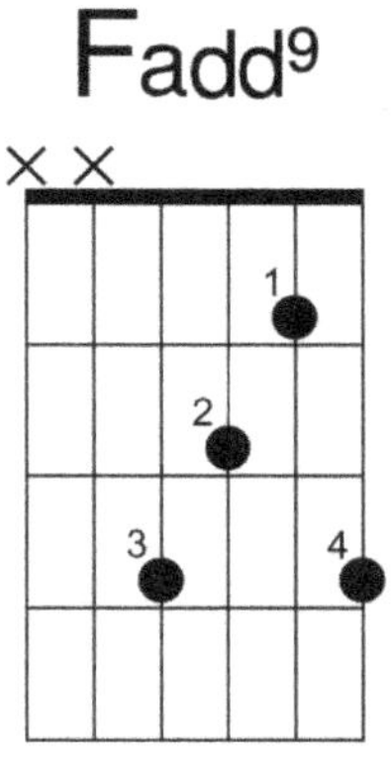

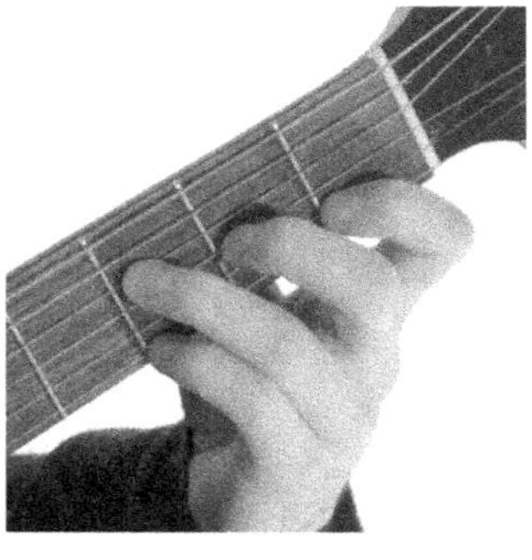

Acordes de potencia

Los acordes de potencia son simples pero de sonido potente. La banda Nirvana los usó con buen efecto, se usan en la canción "Jail Break" de Thin Lizzy, "Living on a Prayer" de Bryan Adams y muchas más.

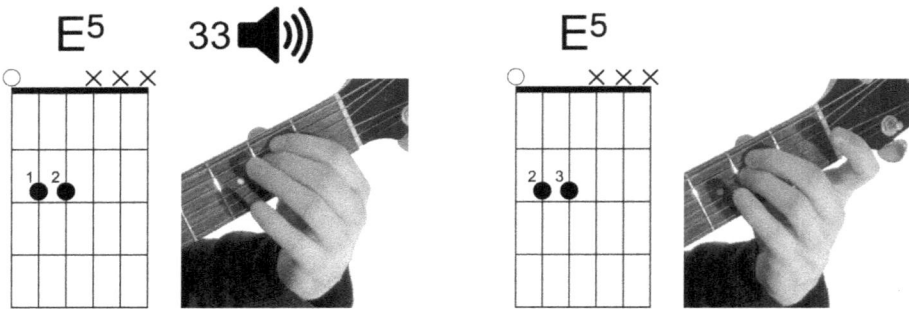

La forma puede moverse hacia arriba del diapasón para diferentes acordes de potencia. Para ello nos referimos a la nota raíz del acorde y para este acorde es la nota en la cuerda de E bajo. Abajo se muestra un acorde de G5, ya que su nota raíz se encuentra en el 3er traste de la cuerda de E bajo, que es la nota de G (como podemos confirmar en el diagrama de notas del diapasón a la derecha).

El siguiente es el acorde de potencia de A5.

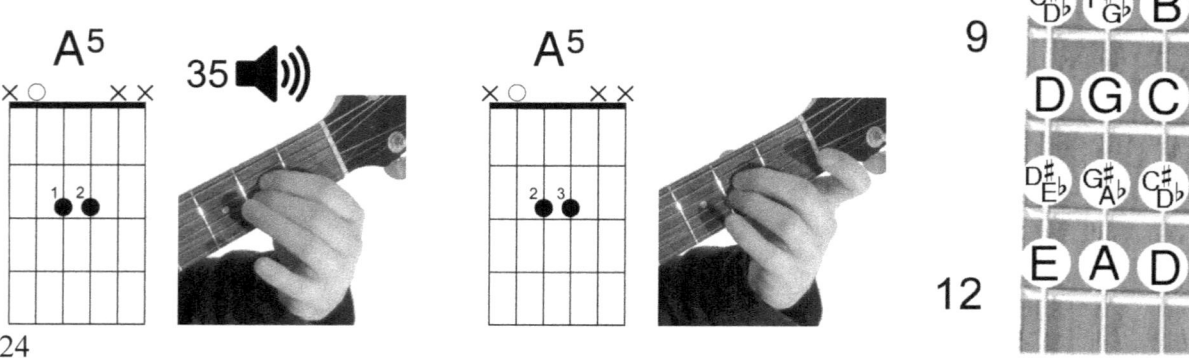

24

La forma de este también puede moverse hacia arriba del diapasón. Para este acorde la nota raíz está en la cuerda de A. Abajo hay un acorde de D5, ya que su nota raíz está en el quinto traste de la cuerda de A, que es la nota de D (como podemos confirmar en el diagrama de notas del diapasón en la página anterior).

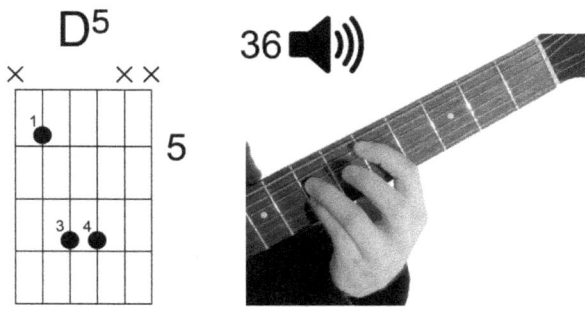

Cejillas para principiantes

Hasta ahora, para algunos de los acordes anteriores, hemos usado una cejilla parcial. La cejilla completa es donde un dedo hace de cejilla en el mismo traste sobre las seis cuerdas. Abajo a la izquierda hay un acorde de cejilla de F mayor. Puede ser difícil porque el 1er dedo tiene que presionar hacia abajo en el 1er traste cerca de donde la cejuela de la guitarra sostiene las cuerdas. Para hacerlo más fácil, se puede usar una versión parcial. Abajo a la derecha hay un acorde más fácil de F con cejilla parcial.

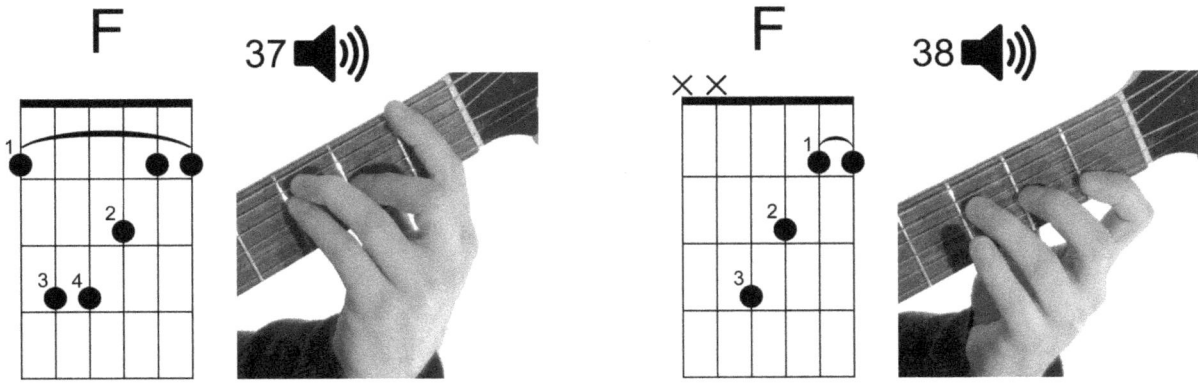

Al igual que los acordes de potencia, se puede mover hacia arriba en el diapasón. En este caso su nota raíz está en la cuerda de D. Como ejemplo haremos un acorde de B♭ mayor. Podemos ver en el diagrama anterior de notas del diapasón que la nota de B♭ está en el octavo traste de la cuerda de D. En la página siguiente a la izquierda se muestra un acorde de B♭ mayor.

25

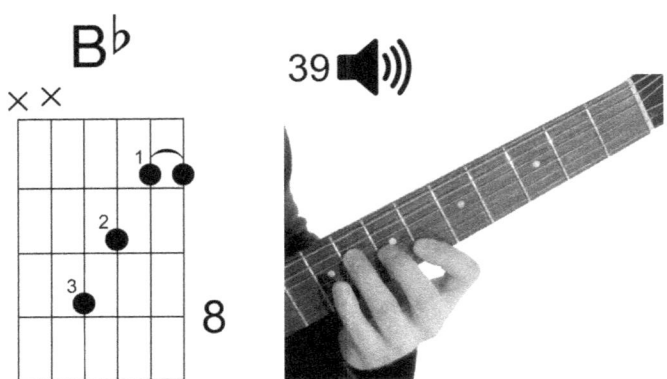

Esto no sólo se aplica a B♭, por supuesto. A continuación se muestra otro ejemplo.

Abajo a la izquierda hay un acorde de F menor en cejilla. También se puede usar una versión parcial más fácil, como se muestra abajo a la derecha...

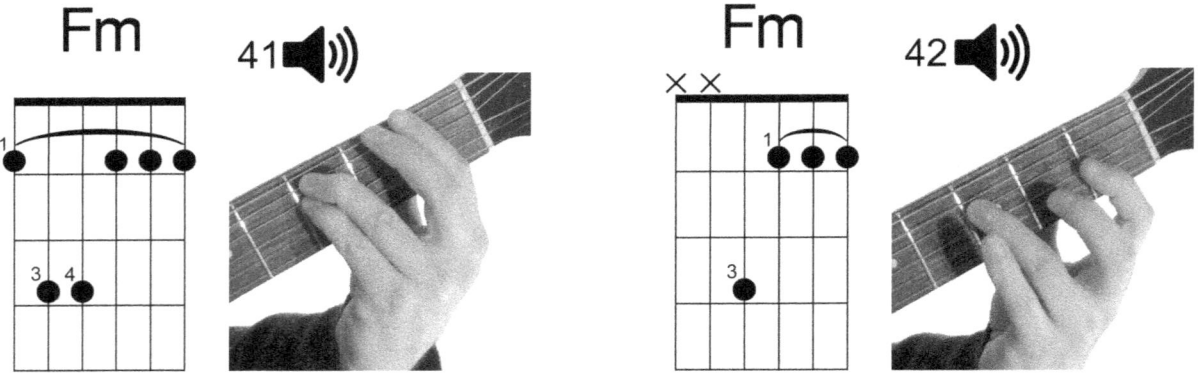

La nota raíz de la versión parcial de este acorde está en la cuerda de D. Abajo a la izquierda está el B♭ menor, ya que la nota raíz está en el octavo traste de la cuerda de D, que es la nota de B♭...

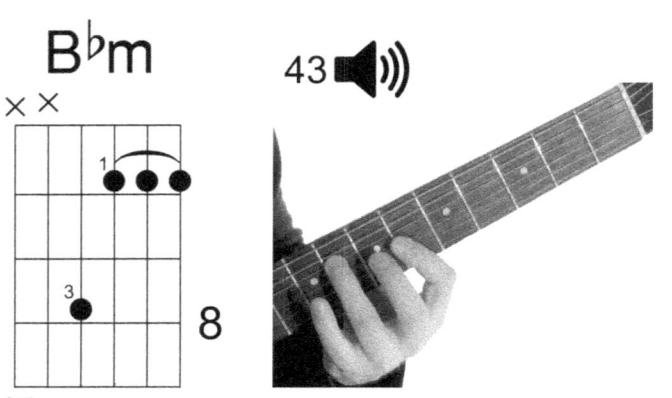

A continuación se muestra otro ejemplo.

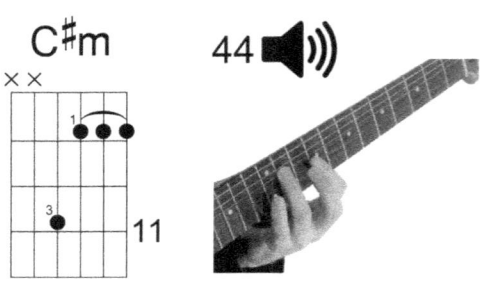

Abajo a la izquierda hay un acorde de B mayor en cejilla con su nota raíz de B en el 2do traste de la cuerda de A. A la derecha se muestra una versión más fácil donde la nota raíz en la cuerda de A no se toca.

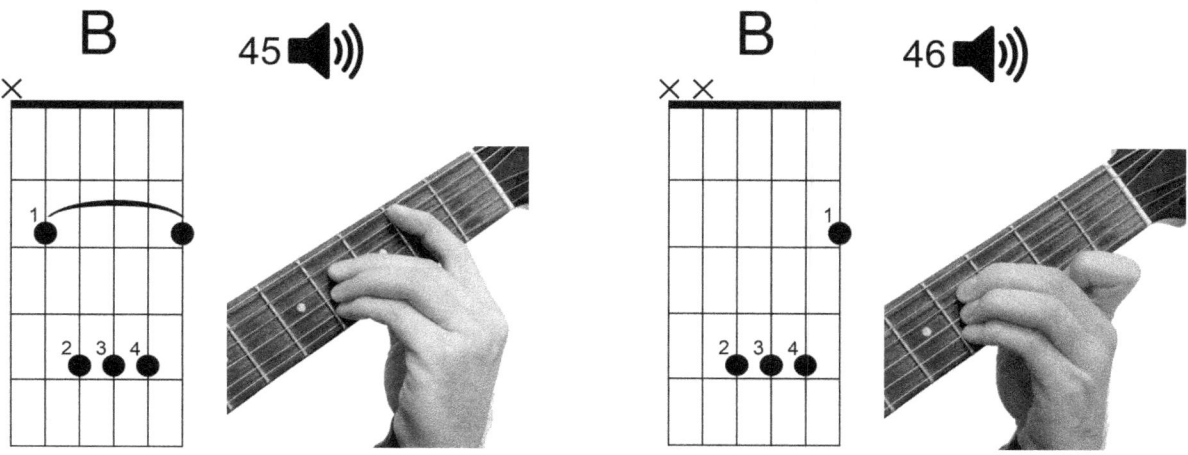

Esta forma más fácil también se puede mover a través del diapasón. Podemos referirnos a la cuerda de A donde *estaría* la nota raíz. Abajo a la izquierda está el acorde de D♭ mayor, habiéndose referido al 4to traste de la cuerda de A como nota raíz de D♭.

A continuación se muestra otro ejemplo.

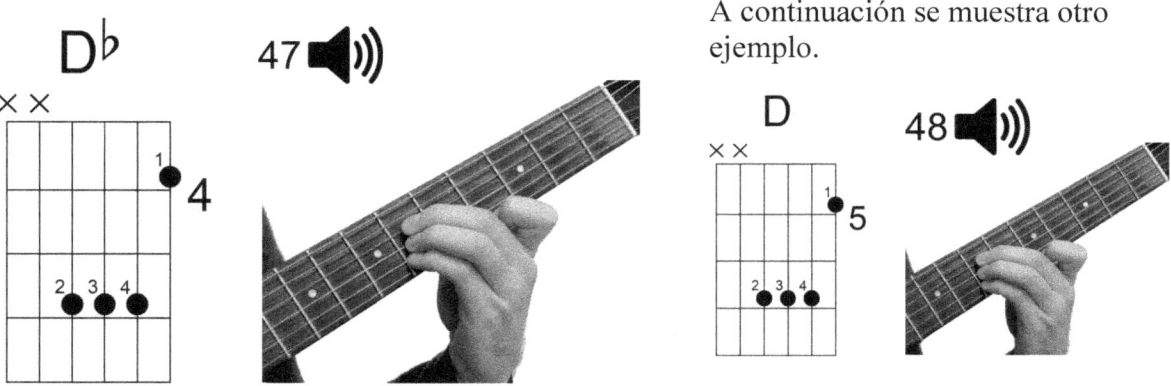

Abajo a la izquierda hay un acorde de B menor con una versión más fácil que se muestra a la derecha.

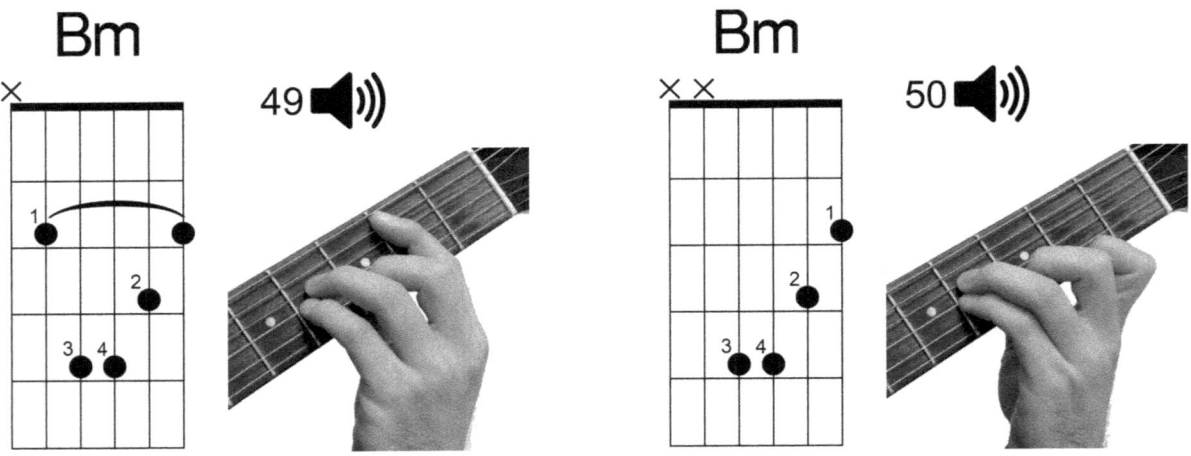

Al igual que el acorde mayor anterior, este acorde menor se puede mover a través del diapasón refiriéndose a la cuerda de A para donde estaría la nota raíz. Abajo a la izquierda está el acorde de C♯ menor.

A continuación se muestra otro ejemplo.

Nota: Si quieres tocar las versiones más completas de cualquiera de los acordes de cejilla simplificados antes mencionados, sólo tienes que tocarlos con su forma completa original mientras aplicas el mismo método para encontrarlos con la nota raíz. Para las formas de acordes de cejilla que comienzan con F mayor y F menor, también puedes referirte a la cuerda de E bajo como nota raíz. Sin embargo, hasta que tu mano sea lo suficientemente fuerte para esto, las versiones simplificadas funcionarán bien.

Otros acordes

Aquí hay una lista de algunos otros acordes que no son demasiado difíciles de tocar. La mayoría son acordes abiertos, ya que contienen al menos una cuerda abierta.

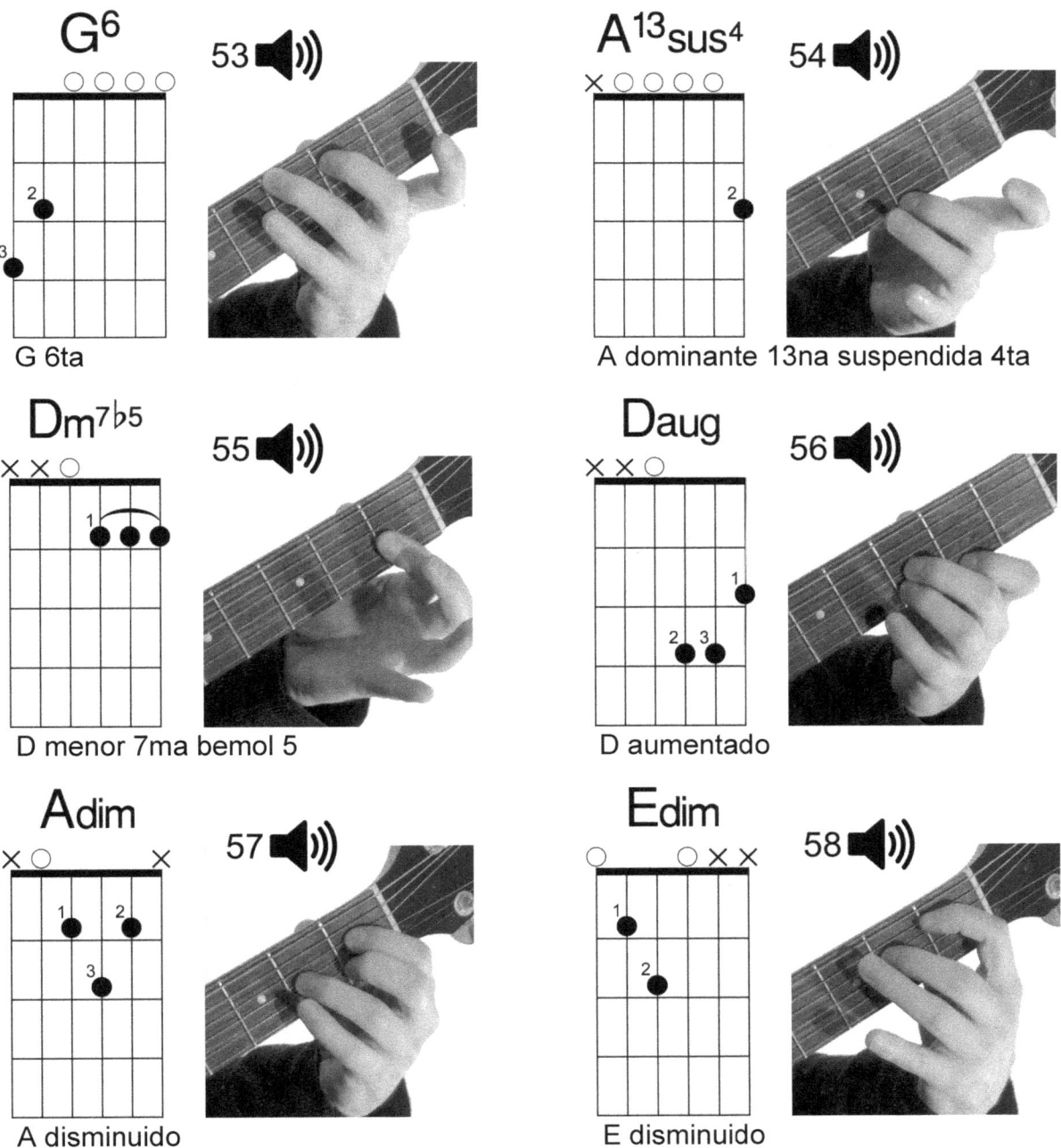

Am⁷♭5

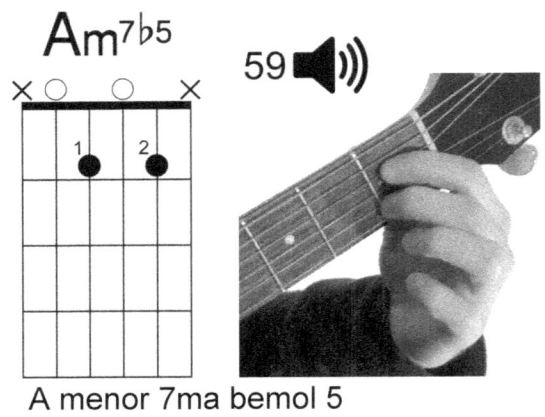

A menor 7ma bemol 5

Em⁷♭5

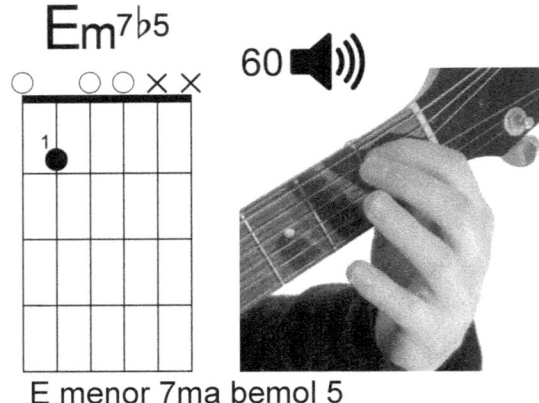

E menor 7ma bemol 5

A¹¹

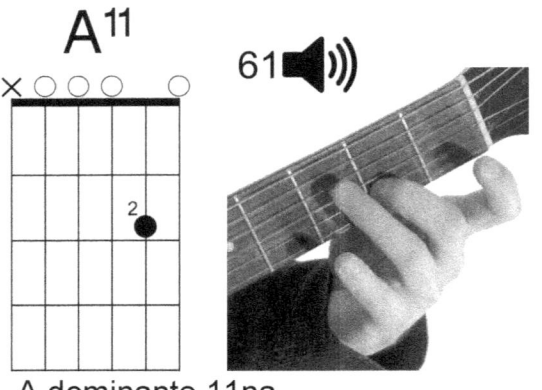

A dominante 11na

Am¹¹

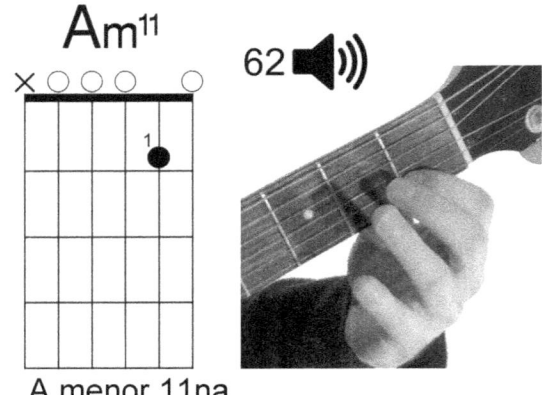

A menor 11na

Cmaj¹³

C mayor 13na

Em¹³

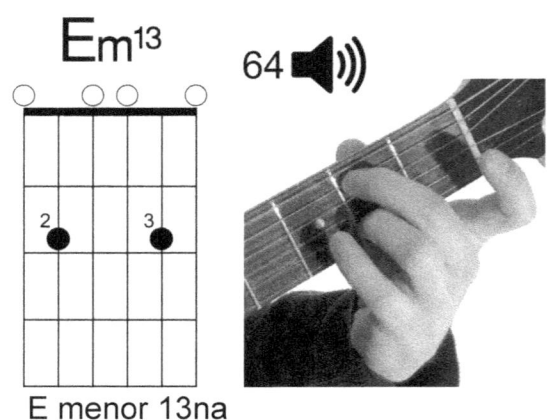

E menor 13na

Gm13

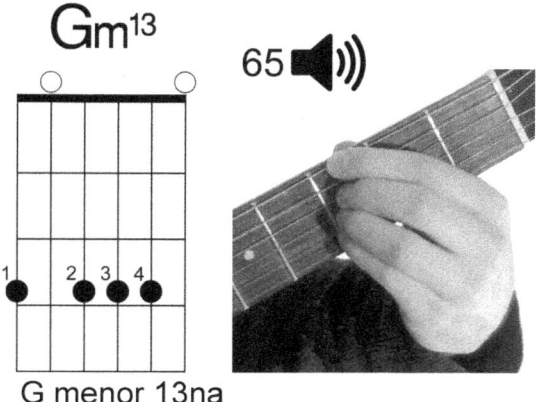

G menor 13na

Cmaj7#5

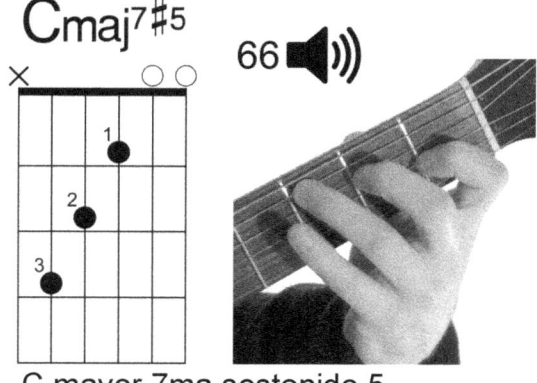

C mayor 7ma sostenido 5

E7b5

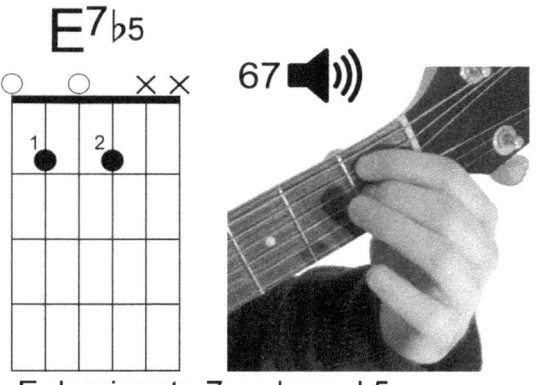

E dominante 7ma bemol 5

E7sus4

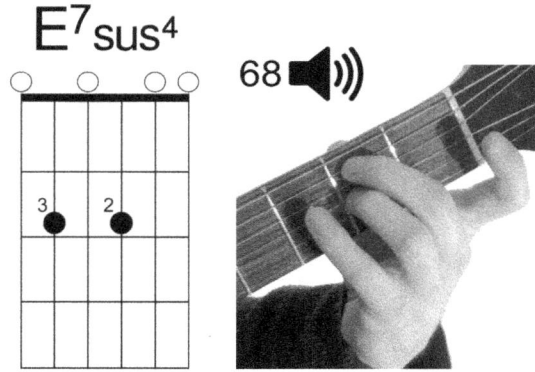

E dominante 7ma suspendida 4ta

Ddim7

D disminuido 7ma

Dm(maj7)

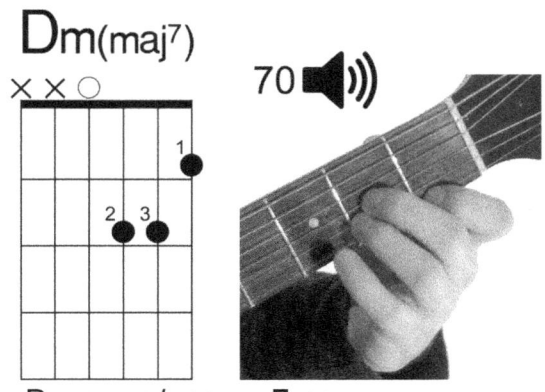

D menor / mayor 7ma

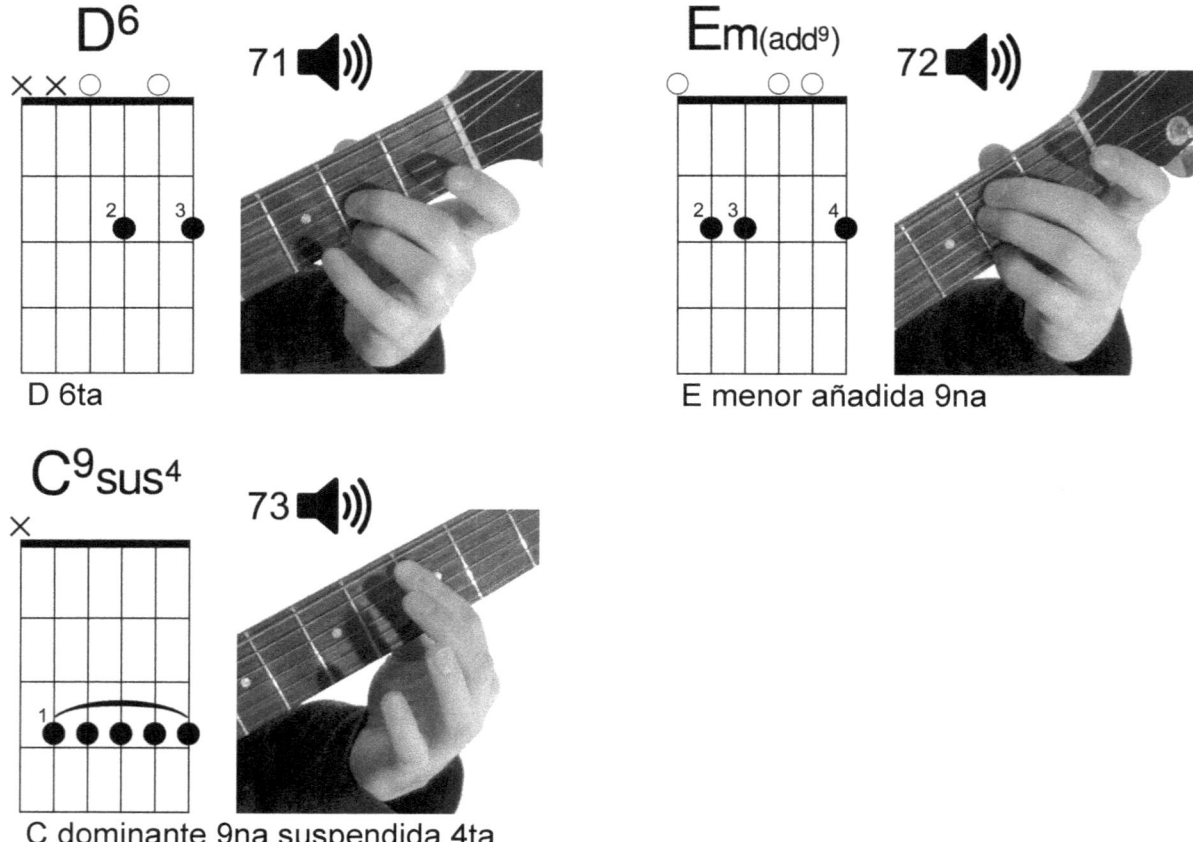

D 6ta

E menor añadida 9na

C dominante 9na suspendida 4ta

Sugerencias de canciones con acordes fáciles

Aquí hay una lista de sugerencias de canciones populares que contienen acordes tratados en este libro. Están en su idioma original inglés.

Smokestack Lightning (Howlin' Wolf) - E
Achy Breaky Heart (Billy Ray Cyrus) - A, E
All Apologies (Nirvana) - D, G, A
Common People (Pulp) - G, D, C
Blowin' in the Wind (Bob Dylan) - G, C, D
Brown Eyed Girl (Van Morrison) - G, C, D, Em
Heroes (Davie Bowie) - D, G, C, Em, Am
Lay Down Sally (Eric Clapton) - A, A7, D, E
Love Me Do (The Beatles) - G, C, D

Runaway Train (Soul Asylum) - C, C/B, Am, G, F, Em
Zombie (The Cranberries) - Em, Cmaj7, G6, G6/F#
About a Girl (Nirvana) - E, Em, G & Power chords
Californication (RHCP) - Am, Fmaj7, C, G, Dm, Am
Children of the Revolution (T Rex) - E, G, C, Am
Killing me Softly (Fugees) - Open major and minor chords, F & B7
Like a Rollin' Stone (Bob Dylan) - C, Fmaj7, Dm, Em, G, F
Live Forever (Oasis) - G, D, Am7, C, Em7, Fsus2
Mr Tambourine Man (Bob Dylan) - D, G/B, A, Em7
Peggy Sue (Buddy Holly) - A, D, E
Twist and Shout (The Beatles) - D, G, A
Wild Thing (The Troggs) - A, D, E & Power chords

Consejos

Los acordes tienen sus dificultades propias en comparación con la guitarra solista. Si se toca una progresión de acordes, en lugar de cambiar entre una o dos notas a la vez, se cambia entre varias al mismo tiempo.

Como principiante debes empezar a tocar canciones o ejercicios lentamente, lo que irónicamente significa que debes mantener los acordes por más tiempo. Cuando mejores y puedas empezar a tocar un poco más rápido, no necesitarás mantenerlos presionados tanto tiempo. Por eso es importante que al comienzo moderes tu práctica para evitar dolores y lesiones en la mano. Los descansos cortos entre las prácticas son importantes. Yo sigo este enfoque cuando practico ahora, usando un cronómetro de intervalos configurado para 10 minutos de práctica, 2 minutos de descanso, 10 minutos de práctica, 2 minutos de descanso, etc.

Gracias por comprar este libro

*Sólo hay algo que me gustaría pedirte
y espero que no sea demasiada tarea.
Cuando hayas tenido tiempo de mirarlo,
¿podrías quizás reseñar o calificar este libro?*

Los comentarios genuinos de clientes a menudo son útiles pero rara vez se dan